AF330470

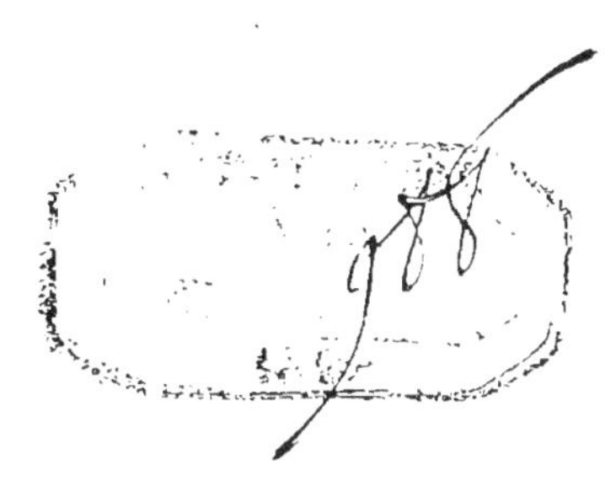

# FUNÉRAILLES

# M. L'ABBÉ CREVECŒUR

CHANOINE HONORAIRE DE FRÉJUS ET D'ARRAS

FONDATEUR ET SUPÉRIEUR DE L'INSTITUTION LIBRE

## DE MARCQ-EN-BAROEUL.

Les habitants de Marcq conserveront longtemps le souvenir des funérailles de M. l'abbé
Crèvecœur, touchante et splendide manifesta-
tion inspirée par l'amitié, la reconnaissance et
la piété filiale.

Plus de huit cents anciens élèves du collége
se sont trouvés réunis, dans un empressement
unanime, pour former une dernière fois le
cortége de celui qui *les a tant aimés* et qu'eux-
mêmes ont toujours vénéré à l'égal d'un père.
Aussi a-t-on pu dire avec vérité « qu'ils ex-
» primaient par leur présence cette belle parole
» de nos Livres saints : *Corona senum filii*
» *filiorum, et gloria filiorum patres eorum.*
» Les enfants sont la couronne des vieillards,

» et le père est la gloire de ses enfants [1]. »

Monseigneur avait daigné se faire représenter par M. le chanoine Marchaisse, son secrétaire particulier, et près de trois cents prêtres, parmi lesquels on remarquait un grand nombre de dignitaires des Eglises de Cambrai, d'Arras et de Bruges, ainsi que les députations de diffé-rents Ordres religieux, étaient venus prendre part à ce deuil et prier autour de ce tombeau.

MM. les supérieurs des colléges ecclé-siastiques de la province étaient présents pour la plupart, témoignant ainsi de leur estime et de leur affection pour le fondateur de la pre-mière Institution libre que le Nord ait possédée, pour le chef de « cette école d'éducation dans » laquelle des prêtres distingués sont venus, » même de diocèses lointains, apprendre l'art » d'élever la jeunesse [2]. »

La commune de Marcq n'était point restée indifférente ; sa population s'était mêlée aux parents des élèves, aux amis du défunt, accou-rus en foule de Lille et des villes voisines ; son

---

[1] Discours de M. l'abbé Deroubaix.
[2] Idem.

conseil municipal, fier d'avoir vu M. Crèvecœur siéger dans ses rangs depuis 1848, avait
réclamé une place auprès du cercueil, tandis
que ses écoles, sa musique et sa compagnie
de pompiers ouvraient la marche funèbre. Les
six cordons du poële étaient tenus par M. le
maire et M. le premier adjoint, deux anciens
élèves, et deux élèves de philosophie.

N'oublions pas non plus la présence et les
regrets de pauvres nombreux : « ils avaient
» recueilli, eux aussi, les bienfaits de cette
» charité sacerdotale[1]. » Car, dès 1853, M. Crèvecœur fondait au collége une conférence de
Saint-Vincent de Paul en même temps qu'il
« ouvrait un patronage où les enfants des
» villages voisins peuvent trouver un com-
» plément d'instruction avec des délassements
» honnêtes[2]. »

Quelques jeunes prêtres, élèves du pen-
sionnat, avaient voulu déposer eux-mêmes
la dépouille vénérée sur le corbillard ; leurs
mains sacerdotales l'introduisirent encore dans

[1] Discours de M. l'abbé Deroubaix.
[2] Idem.

l'église, où des tentures de deuil, disposées avec art, présentaient partout, au milieu d'emblèmes religieux, les initiales du défunt.

M. Portenart, vicaire-général d'Arras, offrit le saint sacrifice de la Messe pour l'âme de celui qui fut son compagnon d'études et son ami presque dès l'enfance; il était assisté par MM. les supérieurs des colléges libres de Lille et de Bergues, autrefois professeurs à l'Institution de Marcq.

Après l'évangile, la voix éloquente et sympathique de M. l'abbé Deroubaix, également ancien professeur de Marcq, redit ainsi la vie et les travaux de M. Crèvecœur :

MESSIEURS,

L'Esprit-Saint nous défend de louer un homme quelconque avant sa mort[1]. L'éloge des vivants n'est pas toujours désintéressé de la part de celui qui le fait : trop souvent la louange provoque la triste envie : celui qui en est l'objet peut en tirer vanité ou décheoir. La mort seule consacre la

[1] ECCLES. XI. 30.

vertu. Aussi, près d'un tombeau, l'admiration,
l'amitié, la reconnaissance se manifestent libre-
ment, et lorsque la douleur les condamne au
silence, elles éclatent du moins par des regrets,
des gémissements et des larmes.

Si cette chaire restait muette, vous seriez là,
Messieurs, pour rendre un hommage solennel et
mérité à la mémoire vénérée de celui que vous
avez aimé comme un père et qui vous a aimés
comme ses enfants. Vous seriez là, exprimant
par votre présence cette belle parole de nos saints
livres : *Corona senum filii filiorum, et gloria
filiorum patres eorum* [1]. Les enfants sont la couronne des vieillards, et le père est la gloire de
ses enfants.

Et si, par impossible, vous n'étiez pas venus
témoigner une fois de plus de votre piété filiale,
la population de cette paroisse n'aurait pas été
ingrate, l'administration de cette commune qui
n'a rien négligé pour la pompe de ces funérailles,
et le concours de tant de dignitaires ecclésias-
tiques, de tant de prêtres séculiers et réguliers,
accourus de toute la province, diraient assez
quelle estime, quelle affection, quelle vénération
entouraient pendant sa vie le saint prêtre que
nous pleurons tous en ce moment.

[1] Prov. XVII. 6.

O père, ò maître de la jeunesse, votre humilité s'étonnerait et s'alarmerait de tant d'honneurs.... Permettez au moins digne de vos disciples et de vos amis, de vous offrir un faible gage de reconnaissance dans quelques paroles qui rappelleront vos œuvres pour la gloire de Dieu et la sanctification des âmes....

Dieu, Messieurs, marque dès le berceau ceux qu'il prédestine au service de l'Eglise et à l'apostolat.

Au commencement de ce siècle, alors que notre pays portait encore les plaies que la Révolution lui avait faites, un enfant naissait près des rivages de la mer, et, le jour même de l'Immaculée-Conception de la Sainte-Vierge, il recevait au baptême le nom prédestiné de Pierre. Confié à la garde de la Mère de Dieu et du Prince des Apôtres, il trouva dans sa famille cette foi des anciens jours que la persécution avait ravivée, et il grandit dans la sagesse et dans la crainte du Seigneur sous les regards d'une mère pieuse, jusqu'à l'heure où Jésus-Christ lui dit : « Suivez-moi, vous serez pêcheur d'hommes [1]. »

Il s'agissait de servir l'Eglise dépouillée et naguère insultée dans son Chef suprême. Déjà le jeune homme avait au cœur le dévouement dé-

_______
[1] S. Luc. v. 10.

sintéressé qui marquera sa vie entière. Ceux qui ont eu le bonheur de le connaître pendant son éducation, diraient quelle autorité sa piété aimable et toutes les vertus d'un écolier chrétien lui donnaient parmi ses condisciples. N'était-il pas formé à Saint-Omer par quelques-uns de ces prêtres fidèles dont les malheurs du temps avaient fait des confesseurs de la foi quand ils n'en avaient pas fait des martyrs? Ces maîtres comprenaient que si Dieu a fait les nations guérissables, c'est surtout par l'éducation, et ils avaient discerné de bonne heure dans leur élève une aptitude remarquable pour ce genre de ministère. Attentif aux indications de la Providence, le jeune lévite choisit sans hésitation cette forme de l'apostolat....

Je n'ai pas à dire ce qu'il y a de plus grand devant Dieu, de plus utile à la société et à l'Eglise; mais, si héroïque que soit la vie du missionnaire, si fécond que soit le ministère pastoral, l'éducation réclame un dévouement non moins infatigable et porte des fruits aussi abondants. Pour faire cette grande œuvre, il faut aimer les enfants comme Jésus les a aimés, il faut sentir pour la jeunesse quelque chose de la tendresse divine que le Sauveur manifesta un jour à un jeune homme dont il est dit dans l'Evangile : *Jésus le regarda et il l'aima* [1]. Il faut avoir compris la belle parole de Fénelon : *O pasteurs d'Israël ! élargissez vos entrailles ! soyez pères ; ce n'est pas assez, soyez mères* [2] !

Ce n'est pas assez de la sensibilité naturelle ; il faut la flamme sacrée que la grâce allume dans un cœur généreux. L'onction sacerdotale acheva ce qui était commencé par la piété d'une mère et par le zèle de maîtres expérimentés, et il fut évident dès lors que le jeune prêtre était destiné à rendre de grands services aux familles chrétiennes, à la société et à l'Eglise.

Nous n'avons pas le temps de raconter comment il justifia les espérances de ses supérieurs dans les fonctions qu'il exerça successivement au collége communal de Saint-Omer, sous la direction de M. Joyez, de sainte mémoire, et au petit séminaire de Saint-Bertin, où la révolution de 1830 le força à chercher un refuge.

Nous ne pouvons pas le suivre dans cette chère maison de Dohem, qui a formé tant de bons prêtres et de grands chrétiens, à une époque où l'on mesurait à l'Eglise la liberté d'enseigner. C'est là que la Providence le prépara pendant six ans d'une manière plus prochaine à la grande

[1] S. MARC. X. 21.

[2] Discours pour le sacre de l'électeur de Cologne

mission qui lui était réservée dans notre diocèse.

Supérieur de fait à côté du vénérable prêtre qui avait guidé sa jeunesse et qui alors était condamné au repos par ses infirmités, il acquit de plus en plus, dans cette position délicate, la sagesse, la prudence, la maturité nécessaires au gouvernement d'un collége chrétien.

Le diocèse d'Arras nous avait devancés dans la lutte contre le monopole universitaire... Disons-le en passant, c'est justice, les quelques prêtres qui à cette époque se dévouaient à l'éducation avaient été chercher le feu sacré chez nos voisins...

Cependant, si je ne me trompe, on ne connaissait pas encore les colléges libres dans notre diocèse, lorsque quelques pères de famille, effrayés des tendances antichrétiennes de l'instruction publique, eurent la généreuse pensée d'assurer à leurs enfants le bienfait d'une éducation chrétienne qu'ils avaient eux-mèmes trouvé dans ces établissements du Pas-de-Calais.

L'entreprise était grande et difficile, et il fallait un courage plus qu'ordinaire pour y mettre la main.

Assurément, on pouvait compter sur les sympathies du clergé et sur le concours efficace des hommes de cœur qui n'ont jamais manqué dans cette contrée...

Le grand cardinal dont Cambrai n'a pas perdu le souvenir, devait bientôt prodiguer à cette œuvre ses tendresses paternelles. Mais si nous nous rappelons les entraves que la législation d'alors mettait à la création des institutions libres, les défiances que peut éveiller la présence de prêtres étrangers au diocèse, et, dans quelques familles chrétiennes, la crainte de compromettre l'avenir temporel de leurs enfants, parce que l'instruction donnée par le clergé était tenue en suspicion, — il faudra reconnaître que la fondation d'un collége ecclésiastique, en 1840, demandait une intrépidité et un dévouement que nous pouvons appeler héroïques.

M. l'abbé Crèvecœur n'a pas reculé devant cette tâche. Ce n'était pas sans déchirement de cœur qu'il s'éloignait des siens et de son diocèse d'origine : mais que sont de pareils sacrifices pour le prêtre ? Il souffre beaucoup plus des obtacles que rencontre son zèle. — Je ne puis vous dire ici les difficultés, les ennuis, les inquiétudes qui vinrent du dedans et du dehors éprouver le dévouement du fondateur du nouvel établissement pendant les premières années... Mais il était de ceux qui disent : *Charitas Christi urget nos !*

Sans se fier à une expérience personnelle déjà longue, non-seulement il s'appuyait sur les tradi-

---

[1] II. Cor. v. 14.

tions d'une société qui avait rendu d'éminents services au diocèse d'Arras, et recueillait les conseils de prêtres d'élite devenus ses collègues après avoir été ses condisciples ou ses élèves ; mais surtout il puisait en Dieu les ardeurs et la sagesse de son zèle.

Messieurs, je voudrais reproduire devant vous la physionomie du fondateur et du vénérable supérieur de Marcq, je voudrais vous montrer son cœur de prêtre, dans l'action continue et persévérante que demande l'œuvre de l'éducation.

C'était dans la prière et dans les communications avec Dieu qu'il cherchait sa force... Il était édifiant de voir ce saint prêtre réciter le bréviaire et s'appliquer à toutes les pratiques de piété qui soutiennent une vie vraiment sacerdotale. Qui n'était point profondément touché en le contemplant à l'autel avec la douce majesté que demande saint François de Sales ? Qui de vous, Messieurs, n'a pas été témoin de sa tendre dévotion envers le saint Sacrement et de sa filiale confiance en la très-sainte Vierge ?

Aussi comme il savait donner à tous quelque chose de son zèle pour la gloire de Dieu et le salut des âmes ! Au milieu de ses coopérateurs de différents âges, s'il avait la bonté d'un père et la cordialité d'un ami, il avait aussi l'entraînement d'un chef et les élans d'un apôtre. Comme il savait éclairer l'inexpérience des uns, modérer la précipitation des autres, relever le courage, stimuler la lenteur, ménager la faiblesse, parler de la dignité des âmes, de la sublimité du ministère sacerdotal dans l'enseignement, exciter en tous la noble et sainte ambition de réjouir le cœur de Dieu et la sainte Eglise par un dévoûment qui se fait tout à tous pour gagner toutes les âmes à Jésus-Chrit[1].

Le mérite d'un capitaine c'est de diriger son armée, de réunir toutes les volontés, toutes les énergies, de manière à obtenir l'unité d'action; — mais le chef qui coordonne et qui anime tous les mouvements sait aussi payer de sa personne.

Messieurs, vous n'avez pas oublié cette sollicitude affectueuse qui s'étendait à tout : au temporel et au spirituel, aux professeurs, aux élèves, aux serviteurs même, au corps, à l'intelligence, à l'âme, qui partageait vos joies et vos tristesses, qui encourageait vos efforts et s'alarmait de vos résistances, en un mot qui vous enveloppait comme la tendresse d'une mère.

Le ministère de l'éducation n'agit pas seulement en général et à distance, si je puis ainsi dire, par les sacrements et par l'instruction religieuse. Messieurs, vous gardez le souvenir de la miséricorde

[1] 1. Cor. ix. 22.

qui passait sur vos âmes en tombant des lèvres de celui que vous appelez votre père; vous entendez encore cette parole sacerdotale qui vous apprenait si bien la science de la vie chrétienne et les charmes du service de Dieu; tantôt simple et familière dans les catéchismes, tantôt grave et affectueuse dans les entretiens du soir, quelquefois émue, ardente, suppliante, frémissante de charité lorsque, dans les exercices d'une retraite, ou au grand jour de la première communion, elle voulait vous enchaîner pour toujours à l'honneur, à la vertu, à Jésus-Christ et à son Eglise. Non, Messieurs, vous n'effacerez jamais de vos cœurs l'empreinte divine qu'y a laissée la charité de ce prêtre.

Mais il y a dans la formation de l'âme et des caractères une action plus particulière, je dirai même plus intime. Comme Dieu se plaît *à parler au cœur* [1], comme le père et la mère s'entretiennent avec leur enfant, et le façonnent avec complaisance par des conseils, des avertissements, des réprimandes, par des appels à la conscience et à la piété filiale, ainsi fait le prêtre qui tient à la fois la place de Dieu et de la famille dans l'éducation. Mais qui ouvrira le cœur du jeune homme à la confiance? L'innocence révèle facilement ses

[1] Os. ii. 14.

bons et ses mauvais instincts ; mais quand le mal a fait sentir à une âme ses premières atteintes, quand les passions y jettent leurs émotions et leurs inquiétudes, qui abaissera les barrières ?

C'est la bonté qui a les cœurs, et qui inspire ce sentiment dont on a dit : *Rien n'est plus libre que la confiance.* La bonté est compatissante et miséricordieuse, elle adoucit les aveux, elle aplanit les difficultés, elle rend à une âme qui doute d'elle-même le sentiment de sa force, et, l'arrachant aux petites passions devant lesquelles elle abdiquait déjà, elle l'élève à toutes les affections nobles et généreuses. Quel respect pour la liberté humaine, quelle délicatesse dans la recherche du mal, quel discernement des âmes, quelle puissance de persuasion ne faut-il pas dans ces luttes contre des natures que les sévérités de la discipline pourraient dompter sans les ramener à la vertu ! Ne reconnaissez-vous point là, Messieurs, le conseiller de votre jeunesse, qui ne cessait pas de vous suivre au milieu des embarras et des dangers de la vie, et qui ne vous a jamais fermé son cœur, ni refusé des consolations et des conseils, lorsqu'après des défaillances ou des déceptions, vous reveniez à lui avec la confiance du jeune âge ?

N'est-ce point là le caractère propre de l'éducation chrétienne ?

N'est-ce pas ce régime paternel qui a fait la physionomie particulière de la maison de Marcq? N'est-ce point le cachet que M. l'abbé Crèvecœur a su imprimer à son œuvre?

Cette confiance, sa bonté l'inspirait aussi aux familles.

Les pères et mères comprenaient, dès la première entrevue, qu'ils confiaient leurs plus chères espérances à un cœur digne de garder ces précieux trésors. Combien ont puisé dans ses entretiens un sentiment plus vif de leurs devoirs! Combien lui ont dit leurs peines, leurs alarmes, leurs chagrins, et ont reçu de son expérience des conseils, des consolations et des encouragements! Combien de fois, avant ce jour de deuil, n'a-t-on pas vu couler des larmes de reconnaissance pour l'éminent fondateur et supérieur de Marcq!

C'est qu'en effet, par son dévouement sacerdotal, M. Crèvecœur avait su donner à son œuvre les proportions de l'apostolat, et créer une maison qui avait des égales mais qui n'était inférieure à aucune autre.

Outre que la hardiesse de l'entreprise ne fut pas étrangère au mouvement généreux qui provoqua la multiplication des colléges libres dans notre diocèse, la maison de Marcq n'a-t-elle pas produit des filles dignes de sa renommée? N'était-elle pas une école d'éducation dans laquelle des prêtres distingués sont venus, même des diocèses lointains, apprendre l'art d'élever la jeunesse ? et plus d'une fois n'a-t-on pas vu des maîtres déjà expérimentés venir étudier de près les merveilles qu'on leur avait racontées de cet établissement catholique, véritable pépinière de supérieurs ?

Vous les avez recueillis, vous aussi, mes frères, les pauvres de cette paroisse, les bienfaits de cette charité sacerdotale. Depuis de longues années, vous recevez des visiteurs que vos pères n'ont pas connus. Des jeunes gens au regard pur viennent avec le sourire sur les lèvres s'asseoir à votre foyer et vous offrir les secours de la charité chrétienne ; — et le dimanche, vos fils peuvent trouver, à côté du collége catholique, un complément d'instruction avec des délassements honnêtes[1].

Mais comment rappeler ici toutes les œuvres qui ont rempli près d'un demi siècle ?... Il faudrait vous montrer M. Crèvecœur dans les conseils de cette société de Saint-Bertin dont il fut un des fondateurs et une des lumières, soumis à l'autorité épiscopale et aux décisions de ses supérieurs. Il faudrait vous dire comment il sacri-

---

[1] La première conférence de jeunes gens fut établie à l'institution de Marcq.

fiait les rares loisirs que lui laissait sa charge,
pour prêcher des retraites dans des maisons reli-
gieuses et dans les colléges libres, ou pour diriger les communautés, sans oublier les services
particuliers rendus au clergé et aux familles, et
les affaires de toute nature que l'on confiait à sa
bienveillance et à sa discrétion... Et pour que son
dévouement eût toutes les formes, vos suffrages,
habitants de Marcq, l'ont appelé au conseil municipal de cette commune, et la haute estime de
Monseigneur lui avait donné une place au conseil
départemental de l'instruction primaire.

Vous ne pouvez pas en douter, Messieurs et
mes frères, cette longue carrière a eu ses souf-
frances et ses douleurs. On ne se dévoue pas im-
punément au bonheur de ses semblables, on
n'aime pas sur la terre sans s'exposer à faire
des ingrats!...

Sans parler des sollicitudes et des angoisses qui
accompagnent partout le soin des âmes, et qui
sont plus vives dans le ministère de l'éducation,
il y a pour un supérieur de collége des heures
d'amertume. L'esprit du mal souffle parfois sur la
jeunesse comme l'ouragan qui passe à travers une
riche campagne : ajoutez les malentendus qui ont
quelquefois troublé l'amitié des saints, et, même
parmi les enfants de la famille, les défections, qui

ne sont pas nouvelles sur la terre, puisque Dieu a dit depuis longtemps : *Filios enutrivi, ipsi autem spreverunt me* [1] ; et vous devinerez quelque chose des douleurs de votre père.

Mais vous, Messieurs, vous étiez là pour réjouir son cœur. Vous l'avez réjoui, lorsque, aux jours bénis de votre jeunesse, vous croissiez en science et en vertu, et que cet heureux père pouvait dire avec un ancien patriarche : « *Ecce odor filii mei sicut odor agri pleni, cui benedixit Dominus* [2] : L'odeur qui sort de mon fils est semblable à l'odeur d'un champ plein de fleurs que le Seigneur a béni ! » Vous l'avez réjoui aux jours d'épreuve par vos protestations de reconnaissance et d'amour. Vous le réjouissiez chaque année en venant vous asseoir au banquet de l'amitié et en développant votre belle association des anciens. Vous l'avez réjoui en élevant cette chapelle qui sera pour de nombreuses générations le monument durable de votre piété filiale ?...

Et maintenant encore, si ses restes pouvaient se ranimer, son grand cœur tressaillirait en vous sentant autour de lui si nombreux et si affligés.

Mais non, la mort a fait son œuvre. Dieu a voulu, Messieurs, que la souffrance achevât

[1] Is. i. 2.     [2] Gen. xxvii. 27.

de purifier une si belle vie.... — Avant la maladie, la douleur vint le frapper coup sur coup dans ses affections de famille. La mort d'un frère bien-aimé fut bientôt suivie de la perte d'un neveu auquel il avait servi de père.... N'est-ce pas ainsi que Dieu détache une âme de la terre et la prépare au ciel ?

Puis, lorsque la maladie arriva avec des symptômes qui ne laissaient guère d'espoir de guérison, celui qui vous a si souvent répété que la vie est la préparation à la mort, n'attendit pas les derniers temps pour recevoir les sacrements de l'Eglise.... Je n'ai pas besoin de vous dire les sentiments de foi et d'amour qu'il manifesta envers Notre-Seigneur Jésus-Christ qui venait visiter son fidèle serviteur, ni de rappeler son humilité et sa piété dans la dernière et suprême onction. Mais une parole tombée de son cœur à cette heure solennelle en dit plus que de longs discours : elle vous appartient, Messieurs, car il l'a prononcée pour toute sa famille spirituelle. Consolé et fortifié par la présence de son Dieu, il dit alors : « C'est le plus beau jour de ma vie ! Le monde ne sait pas tout ce qu'il y a de joie, de douceur, de délices dans les derniers sacrements, et si Dieu me rendait la santé, je l'enseignerais plus que jamais. »

Belle parole par laquelle ce saint prêtre, après nous avoir appris à bien vivre, nous apprend à bien mourir !

Et toutefois la mort devait faire attendre sa victime. Ni les soins dévoués de la science, ni la tendresse de ses collègues qui l'entouraient comme des enfants entourent un père bien-aimé, ni les prières que tant d'âmes reconnaissantes offraient chaque jour au Ciel, ne purent lui obtenir le retour de la santé. Cette vie si précieuse se prolongea pendant trois mois, mais ce ne fut qu'une sorte d'agonie, adoucie par d'innombrables témoignages d'affection et par la sainte communion que le malade recevait le plus souvent possible.

Enfin, la coupe de douleurs était épuisée ; et, sans doute par un dessein de la Providence, le jour même où l'Eglise célèbre la fête de l'Exaltation de la Sainte-Croix, le serviteur de Dieu s'endormit doucement dans la paix du Seigneur.

Et maintenant ses enfants de tout âge sont venus de toutes parts pleurer et prier autour de son cercueil.

Oui, Messieurs, pleurons ensemble ce maître, ce père de la jeunesse, qui a formé tant de pères de famille et de bons citoyens, d'hommes

d'honneur dans le commerce et dans l'indus-
trie.... Pleurons le père de la jeunesse sous la
conduite duquel ont grandi tant d'hommes qui
qui n'ont pas oublié l'esprit chrétien en prenant
place dans les administrations, au barreau, dans
la magistrature ou dans l'armée; pleurons cet
apôtre dont le zèle a fait des missionnaires et
des défenseurs de l'Eglise et de Pie IX; pleurons ce saint prêtre, l'honneur du clergé ensei-
gnant, qui laisse après lui une nombreuse gé-
nération de prêtres formés ou perfectionnés à
son école!

*Mortuus est pater*[1]. Il est mort, le père de
cette famille bien-aimée, et il ne reste sous
nos yeux que cette froide poussière.... Ah! du
moins nous garderons ce corps inanimé, nous
le conserverons ce cœur qui a été si embrasé
de l'amour de Dieu et des âmes! Merci, parents désolés, merci, vous avez compris que ce
précieux trésor nous appartient autant qu'à sa
famille selon la nature, et que, si nous ne pouvons pas l'aimer plus que vous, nous sommes
du moins plus nombreux pour l'entourer de nos
pieux souvenirs et de notre filiale vénération.
Le lieu de son repos n'est-il pas marqué dans
cette chapelle funéraire élevée par vous, Mes-

[1] Eccles. xxx. 4.

sieurs, à la mémoire de vos condisciples, et où vos noms viendront successivement se grouper sous la protection du nom béni de votre père?

*Mortuus est pater.* Ce père, il est mort! Mais non, il n'est pas mort tout entier, son esprit de dévouement vivra dans ces maîtres de la jeunesse qui ont partagé ses travaux et ses sollicitudes; son cœur de père, vous le retrouverez, jeunes élèves, dans celui en qui vous aviez déjà reconnu son image, et je puis ajouter avec nos saints livres, *et quasi non est mortuus : similem enim reliquit sibi post se,* et il ne semble pas mort, parce qu'il a laissé après lui un autre lui-même.

Non, il n'est pas mort tout entier. Nous avons la ferme confiance qu'une vie si chrétienne, si sacerdotale, qu'une vie si utile à la société et à l'Eglise, ne s'est éteinte ici-bas que pour entrer dans la vie glorieuse et bienheureuse de la patrie céleste. Et toutefois les jugements de Dieu sont si impénétrables, que nous ne pouvons pas omettre le devoir de la prière. Prions, Messieurs et mes frères, pour celui qui a tant prié pour nous; prions le Dieu des miséricordes de récompenser largement celui qui a passé en faisant le bien, et dont le souvenir

sera toujours pour nous tous une invitation à
la vertu, à l'honneur, à la piété, au dévouement, à la sainteté, et un rendez-vous au ciel.
Ainsi soit-il !

Le recueillement profond, l'attention religieuse, les larmes des auditeurs ont pu con-
vaincre M. Deroubaix qu'il avait su mettre
dans toute sa lumière « la physionomie du
» fondateur et du vénérable supérieur de
» Marcq, faire voir son cœur de prêtre dans
» l'action continue et persévérante que de-
» mande l'œuvre de l'éducation. »

Au cimetière, M. Alphonse Delesalle, pré-
sident de l'Association des anciens élèves de
Marcq, s'est fait en ces termes l'interprète de
la douleur commune :

Messieurs,

Avant de nous éloigner de cette tombe qui ren-
ferme les restes de celui qui nous a tant aimés,
permettez au plus ancien élève de Marcq de rendre,
au nom de ses camarades, un dernier hommage
à l'homme de bien, au saint prêtre, au maitre

vénéré qui, depuis vingt-neuf ans, a dirigé l'établissement fondé par lui, avec un dévouement sans bornes, un zèle infatigable et une sagesse qui commandait le succès.

Une voix plus autorisée que la mienne vous a retracé cette vie si pleine et vous a énuméré les qualités brillantes de cette âme d'élite; je ne vous parlerai, moi, que des tendresses de son cœur généreux, qui s'épanchait si complètement dans le commerce de l'amitié et savait se rendre accessible à tous, aux grands et aux petits.

La bonté, en effet, était l'essence même du caractère de M. Crèvecœur; affectueux envers tous ceux qui l'approchaient, il se donnait tout entier à chacun. Avec quelle sollicitude il veillait sur nos premiers pas, encourageant nos efforts, nous soutenant dans nos défaillances, tempérant par de douces paroles les observations méritées que sa position de supérieur lui faisait un devoir de nous adresser. A peine avait-il prononcé un mot sévère, qu'aussitôt il allait au-devant du repentir; son plus grand bonheur était de pardonner et de bannir de sa mémoire le souvenir d'une faute échappée à notre faiblesse.

Après notre sortie de pension, sa bienveillante amitié nous accompagnait encore; aucun des événements de notre vie ne le laissait indifférent. Heureux de nos succès et de nos joies, il compatissait à nos revers et à nos malheurs; et lorsqu'un grand chagrin venait à nous frapper, il s'ingéniait à nous consoler, à atténuer l'amertume de nos peines qu'il voulait partager.

Qui de nous ne se rappelle avec attendrissement l'accueil si cordial qu'il réservait à ses nombreux visiteurs? Avec quelle tendresse il les pressait dans ses bras, leur ouvrait les trésors de son cœur qui pouvait défier celui du meilleur des pères! Il manquera désormais à notre réunion annuelle, dont il était l'âme; il ne présidera plus ce banquet des anciens élèves auquel nous aimions à aller nous asseoir, nous que si volontiers il nommait ses enfants. Nous n'entendrons plus les affectueuses paroles, les sages avis qu'il se plaisait à nous donner dans cette fête de famille. Vous souvient-il que l'an dernier, sentant ses forces décroître, il nous entretenait de pressantes sollicitations qui le conviaient à prendre un repos bien mérité? Mais lui, qui, par attachement pour nous, aurait refusé les fonctions les plus élevées, ne pouvait se résigner à déposer le lourd fardeau qui devait l'écraser; son cœur n'aurait point supporté le déchirement de la séparation.

La mesure du bien qu'il devait faire en ce monde était pleine, il a voulu qu'elle fût comble.

Consacrant à l'œuvre qui a absorbé la plus grande partie de son existence, ce qui lui restait de volonté et d'énergie, il a continué son rude labeur; bientôt, hélas! les forces physiques devaient trahir son dévouement.

La mort inattendue de son frère a porté un coup fatal à son âme si aimante. Lui, si compatissant pour les autres, il a voulu lutter contre l'émotion qui l'oppressait, et par là, donner aux siens un nouvel exemple de résignation et de fermeté chrétienne. Vains efforts! la nature réclamait impérieusement ses droits, la douleur l'a brisé!

Pendant quatre longs mois qu'a duré sa maladie, jamais une plainte, jamais un mouvement d'impatience. Pour tous ceux qui ont eu le bonheur de le voir ou de le servir, il n'avait que des témoignages d'affection ou de reconnaissance. Et quand sa dernière heure a sonné, plein de confiance dans la miséricorde divine, animé de ces sentiments de foi vive qui ont toujours guidé sa haute intelligence, les regards fixés sur le crucifix, il a exhalé avec le calme du juste le dernier soupir dans les bras d'un ami sûr et dévoué.

Ne nous abandonnons pas, Messieurs, à notre profonde tristesse, si légitime qu'elle soit. Ado-

rons avec soumission les décrets de la Providence. M. Crèvecœur n'est pas mort tout entier ; il me semble entendre sortir de cette tombe sa voix aimée qui nous dit : « Chers enfants, ne pleurez
» pas comme ceux qui n'ont point d'espérance ;
» détournez vos regards de cette terre qui ne
» possède plus que ma dépouille mortelle, élevez-
» les vers le ciel, et réjouissez-vous de ma féli-
» cité. Si vous avez un ami de moins ici-bas,
» vous comptez un protecteur de plus là-haut.
» Suivez fidèlement la voie que je vous ai tracée,
» reportez sur mes dignes successeurs la confiance
» et l'affection qui ont été la consolation de ma
» vie ; aidés de leur expérience, fortifiés par mon
» souvenir et leurs exemples, vous arriverez
» sûrement au but que je n'ai cessé de vous
» montrer comme la récompense de votre con-
» stance et de votre générosité. »

Aucun de nous, Messieurs, ne voudra rester sourd à cet appel. Avant de quitter ce champ du repos, resserrons de plus en plus les liens d'amitié qui unissent entre eux tous les membres de la grande famille de Marcq.

Groupons-nous avec empressement autour des hommes dévoués qu'il a choisis pour continuer son œuvre ; et sur le chemin de la vie, inspirons-nous souvent du souvenir de ses éminentes vertus, afin que les disciples soient dignes d'être réunis un jour à leur maître. C'est l'engagement que nous prenons, et que nous déposons sur ce cercueil comme un suprême adieu à notre père bien-aimé.

Avec le discours de M. l'abbé Deroubaix, ces paroles, si dignes dans leur touchante simplicité, expliquent parfaitement comment M. Crèvecœur a su remplir sa mission : saisir tout entière une jeunesse frémissante; attacher son esprit, par une adhésion ferme et raisonnée, aux enseignements de la foi ; lui mettre au cœur les sentiments généreux et les nobles aspirations; en un mot *faire des hommes de caractère et de foi, de tendresse et d'énergie.*

— LILLE. TYP. J. LEFORT. M D CCC LXIX. —

www.ingramcontent.com/pod-product-compliance
Lightning Source LLC
Chambersburg PA
CBHW061717060726
47597CB00006B/2427